Japan in München

Für alle Liebhaber

japanischer Küche und Kultur

Axel Schwab

Japan in München

Sushi, Suppen, Shopping & mehr

München

2014

Bibliografische Information der Deutschen Nationalbibliothek
Die Deutsche Nationalbibliothek verzeichnet diese Publikation in der Deutschen Nationalbibliografie; detaillierte bibliografische Daten sind im Internet über http://dnb.dnb.de abrufbar.

Texte, Illustrationen, Layout und Umschlaggestaltung:
Axel Schwab

Erste Auflage, 2014

Herstellung und Verlag:
BoD – Books on Demand, Norderstedt

ISBN-13: 978-3-7357-8485-8

Inhaltsverzeichnis

Vorwort

Ein sicheres Zeichen für ein gutes japanisches Restaurant ist, wenn sich schon vor der Öffnung eine Schlange aus in München ansässigen Japanern vor dem Eingang bildet. Nachdem ich selbst über fünf Jahre in Tokio gelebt habe, bin ich auch in München immer auf der Suche nach guter japanischer Küche, wobei es nicht immer nur Sushi sein muss. Neben Nudelsuppen schätze ich ebenso gebratenes Fleisch, gegrillten Fisch oder frittiertes Gemüse, doch wo findet man dies auch authentisch, bezahlbar und lecker?
Nachdem ich einige schlechte Erfahrungen gemacht hatte, weil ich mich auf die bekannten Online-Bewertungsportale verließ, fasste ich den Entschluss, einen Japanführer für München herauszubringen, der Ihnen ähnlichen Ärger ersparen soll. Alle in diesem Buch beschriebenen Restaurants habe ich mindestens einmal, einige sogar wiederholt besucht und geprüft, natürlich immer ohne mich als Restauranttester zu erkennen zu geben. Der Schwerpunkt lag dabei immer auf der Qualität und Authentizität des Essens. Restaurants, die Sushi unterhalb der Qualitätsstufe von einfachem japanischem Kaufhaus-Sushi anbieten, werden Sie in diesem Buch nicht finden. Je Kategorie gibt es für immer nur ein Restaurant drei Sterne.

Axel Schwab, Februar 2014

Restaurants

»Die ganze Bandbreite japanischer Küche«

In die Klasse der Restaurants schaffen es in diesem Führer nur ganz wenige, denn diese müssen, um hier aufgenommen zu werden, die ganze Bandbreite japanischer Küche auf hohem und authentischem Niveau anbieten können. Das heißt, neben hervorragendem und stets sehr frischem Sushi in großer Auswahl (über ein Dutzend verschiedene Nigiri) gibt es dort auch Nudelsuppen und eine reichhaltige Auswahl an Vorspeisen und Hauptgerichten aus Fisch und Fleisch.

Restaurant Toshi ✪✪✪ Altstadt

»Bestes Japanrestaurant«

Das Toshi ist ungeschlagen das beste Japanrestaurant in München. Sicherlich nicht das günstigste Restaurant, doch bekommt man hier für sein Geld eine hervorragende Qualität und wirklich authentische japanische Küche. Das japanische Generalkonsulat ist gleich um die Ecke, hier fühlen sich die Japaner fast wie zu Hause. Der Service ist immer sehr aufmerksam und tadellos. Der Fisch beim Sushi ist sehr bissfest und der Tintenfisch zäh, eben genau so, wie es auch sein muss. Der Thunfisch ist fett und von hoher Qualität. Auch die Fischmenge ist für den Preis immer angemessen. Wer keinen rohen Fisch möchte, der muss unbedingt das leckere Fleisch oder Fisch vom Teppanyaki-Grill probieren. Für mich ist das Toshi die beste Wahl in München, auch die Tee-Flatrate zu 1,50 € finde ich sehr fair.
Mittag 15–35 €, Abend ab circa 40 € p. P., Nigiri 6–18 €.
Tipp: Mittags das leckere »Chirashi-Sushi« zu 23 €.

Wurzerstraße 18, 80539 München
Tram 19: Kammerspiele / U4–5: Lehel / U3–6: Odeonsplatz
Mo–Fr 12–14, Mo–Sa 18–24 Uhr, So Ruhetag
Tel.: 089 25 54 69 42 Fax: 089 25 54 69 44
www.restaurant-toshi.de http://gomap.de/tsi

Tokami — Maxvorstadt

»Allerbestes und frischestes Sashimi«

Seit 1988 und damit schon über 25 Jahre gibt es das Tokami in München. Schräg gegenüber vom Museum Brandhorst öffnet sich täglich einige Minuten nach 12 Uhr die Türe, um zum Mittagessen Einlass zu gewähren. In dem gediegenen japanischen Ambiente speisen Banker und die Professoren der nahegelegenen Uni, während sich die Studenten zwei Häuser weiter beim Take-out »Tokami Sushi & Thaifood« schnell ein Lunchpaket für lediglich 4–6€ holen. Der Fisch im Tokami ist stets vorzüglich und allerbeste, frische Ware. Meine Empfehlung ist, mittags das gemischte Sashimi zu bestellen, welches mit Salat, Reis und Misosuppe serviert wird und satt macht. Auch »à la carte« gibt es sehr viel: gebratenen Fisch, Rindfleisch, Huhn, Tempura, Suppen, Vegetarisches und Fondues »Sukiyaki« (auf Vorbestellung).
Mittag 13,80–16,80€, Menü ab 49,50€, Nigiri 4,80–12,30€.
Tipp: Am Mittag »Sashimi Moriawase« für 16,80€.

Theresienstraße 54, 80333 München
Tram 27, 28: Pinakotheken / U3, U6: Universität
Mo–So 12–14.30 & 18–24 Uhr
Tel.: 089 28 98 67 60
www.tokami.de http://gomap.de/tka

Tenno

Isarvorstadt

»Vielfältiges Mittagsmenü«

Nicht weit vom Reichenbachplatz ist das Tenno ein bei deutschen und japanischen Familien sehr beliebtes Japanrestaurant. Die Mittagskarte bietet an allen Tagen eine reichhaltige Auswahl günstiger japanischer Speisen. Wer keinen rohen Fisch (Chirashi, Sashimi oder Nigiri) möchte, dem kann ich das gebratene Rindfleisch »Yakiniku« empfehlen. Das »Tempura Moriawase« am Nachbartisch schaute so lecker aus, dass ich sicherlich bald wieder kommen werde. Außerdem gibt es »Teriyaki« vom Huhn und Lachs sowie zwei täglich wechselnde Tagesgerichte mit Fisch oder Fleisch. Selbst für Vegetarier bietet die Mittagskarte drei Gerichte zur Auswahl: Gemüse Maki Sushi, Wok-Gemüse oder scharfes Thai-Gemüse-Curry. Die Mittagsgerichte werden mit Misosuppe und Salat serviert. Bestellt man »à la carte«, bleiben fast keine Wünsche offen. Mittag 10,50–19,50 €, Abend ab 29 € p. P., Nigiri 5–14,50 €.

Buttermelcherstraße 5, 80469 München
Tram 16, 18: Reichenbachplatz / S: Isartor
Mo–Sa 12–14.30 & 18–24 Uhr, So Ruhetag
Tel.: 089 24 21 11 97 *Fax: 089 24 21 11 82*
www.tenno.info *http://gomap.de/teo*

Japan Cuisine

»Schicke Restaurants mit japanischer Küche«

Unter Japan Cuisine werden all die Restaurants geführt, welche sich hervorragend zum Ausgehen bei wichtigen Ereignissen mit der Partnerin/dem Partner oder der ganzen Familie eignen. Die Küche und das Ambiente müssen dabei ein hohes Niveau haben und eine reichhaltige Speisenauswahl oder mehrgängige Menüs die Möglichkeit bieten, zwei bis drei Stunden in angenehmer Atmosphäre zu verbringen. Professioneller Service und eine umfangreiche Getränkekarte verstehen sich von selbst.

Emiko ✪✪✪ Altstadt

»Allerbeste Japan Cuisine«

Mit herrlichem Blick über den Viktualienmarkt sitzt man im stilvoll eingerichteten Emiko, dem Restaurant des Louis-Hotels. Alle getesteten kalten und warmen Gerichte der japanischen Cuisine waren vorzüglich. Frittierter Tintenfisch mit Wasabi-Mayonnaise, Austern, hochwertiges Fleisch vom Wagyu-Rind und Misosuppe. Später wird zum frischen Sushi hausgemachte Sojasoße gereicht, probieren Sie unbedingt auch die Aal-Nigiri. Erwähnenswert ist die riesige Auswahl an Sake und Wein. Auf der Dessertkarte findet man viele japantypische Highlights wie zum Beispiel Eiscreme aus schwarzem Sesam. Der stets zuvorkommende Service garantiert eine angenehme Atmosphäre bei gedämpfter Hintergrundmusik, für ein Abendessen sollte man hier mindestens zwei Stunden einplanen.
Ab circa 60€ pro Person, Nigiri 5,50–10€.
Tipp: Frittierter Tintenfisch, Aal-Nigiri, Sesameis, Sake.

Viktualienmarkt 6, 80331 München
U, S: Marienplatz
Mo–So 18–23.30 Uhr
Tel.: 089 41 11 90 81 11
www.louis-hotel.com *http://gomap.de/emi*

Koi — Maxvorstadt

»Bestes Interior Design«

Das 2013 neu eröffnete Koi besticht durch seine exzellente und geschmackvolle Inneneinrichtung, wobei die Qualität des Sushis leider nicht ganz mithalten kann. Getestet wurde hier zum Mittag die Koi Bento-Box, die Maki-Sushi aus Thunfisch, Lachs und Avocado liegen vom Niveau her nur leicht über dem von japanischem Kaufhaus-Sushi. Zur Ehrenrettung dieses noch jungen Restaurants waren jedoch sowohl das Garnelen-Tempura als auch das gebratene Rindersteak absolut hervorragend. Leider war der Reis unter dem Fleisch zu weich und nicht schmackhaft. Die gekochten Gerichte auf der Abendkarte machen Lust auf mehr, und so werde ich diese bei meinem nächsten Besuch auf jeden Fall probieren und hoffen, dass man mir dann als grünen Tee nicht nur eine Eisenkanne heißen Wassers mit Tee- und Zuckerbeutel serviert.
Mittag Bento-Box 19,50–29,50 €, Abend ab circa 65 €.

Wittelsbacherplatz 1, 80333 München
U3–6: Odeonsplatz
Mo–Sa 11–15, Mo–Sa & Feiertag 18–24 Uhr, So Ruhetag
Tel.: 089 89 08 19 26
www.koi-restaurant.de   http://gomap.de/koi

ZEN Bogenhausen

»Modernes Hotelrestaurant«

Das Restaurant ZEN ist im Westin Hotel beheimatet und wirbt mit dem Slogan »The Best of Pan-Asian Cuisine«. Die Einrichtung ist modern und nüchtern gehalten mit Blick auf einen Zen-Garten, wobei dort ein Plakat mit Kanji-Zeichen kopfüber hängt. Das dort zubereitete Sushi ist nicht zu beanstanden, der Fisch war frisch und bissfest und für die Maki-Rollen wird ein sehr leckeres Algenpapier »Nori« verwendet. Tipp: Das Sushi-Set 2 für 36€, welches für zwei Personen als Vorspeise gedacht ist, aber auch für eine Person mit großen Sushi-Hunger reicht. Da die Karte mit Hauptgerichten übersichtlich ist und mich nichts ansprach, blieb ich beim Sushi und bestellte noch das Nigiri mit gegrilltem Aal, von dem ich positiv überrascht wurde. Der Inhalt der am Mittag angebotenen Bento-Boxen ist zwar asiatisch, hat aber wenig mit japanischer Küche zu tun.
Mittag Bento-Box 9,50€, Nigiri 5–7€, Abend ab circa 80€.

Arabellastraße 6, 81925 München
Tram 16, 18: Arabellastraße / U4: Arabellapark
Mo–Sa 12–14.30 & 18.30–23, So Brunch 12.15–15 Uhr
Tel.: 089 92 64 81 10
www.zen-restaurant.de http://gomap.de/zen

Sushi-Restaurants

»Sushi und mehr ...«

Unter Sushi-Restaurants fallen all diejenigen Restaurants, welche in der Hauptsache Sushi anbieten, aber darüber hinaus noch andere Gerichte im Programm haben. Der Charakter einer Sushi-Bar, bei der man dem Meister bei der Zubereitung zuschauen kann, steht hier jedoch zumeist nicht im Vordergrund.

Kaito ✪✪✪ Maxvorstadt

»Bestes Nigiri-Sushi«

Manche schreckt die rustikale Einrichtung ab, doch hier gibt es eines der besten Sushis weit und breit. Der erfahrene Sushi-Meister hat eine reichhaltige Auswahl sehr frischen und vor allem bissfesten Fisches. Meine Empfehlung ist die Sushi-Platte »Yamato« mit 10 Stücken verschiedener Nigiri-Sushi und Eierstich. Die Sushi-Karte bietet beispielsweise Thunfisch in drei Qualitätsstufen, Lachs, Garnele gekocht und roh (Süßgarnele), Steinbutt, Dorade, Tintenfisch, Lachskaviar, Muscheln, Oktopus, Seeigel und Aal. Zum Sushi empfehle ich Asahi- oder Kirin-Bier vom Fass. Man kann neben Sushi auch Menüs mit Vorspeisen, Gebratenem, Tempura und Dessert genießen, dazu empfiehlt sich der vorzügliche Sake. Mit mehreren Personen sollte man reservieren, es gibt außer Tischen auch einen Tatami-Raum.
Sushi-Set 22–32 €, Menüs ab 54 €, Nigiri 4–12 €.
Tipp: »Yamato« für 32 € – 10 Nigiri höchster Qualität.

Gabelsbergerstraße 85, 80333 München
T20–22: Sandstr./ U1,U7: Stiglmaierplatz / U2: Theresienstr.
Mo–Sa 17–23.30 Uhr, So Ruhetag
Tel. & Fax: 089 52 05 94 55
www.kaito-restaurant.de   http://gomap.de/kao

Mitani **Haidhausen**

»Bestes Mittags-Sushi unter 10 €«

Das Mitani ist eines der im Vorwort erwähnten Restaurants, an dem sich zum Beispiel an einem Samstag bereits 15 Minuten vor 12 Uhr eine Schlange aus in München ansässigen Japanern vor dem Eingang bildet, um einen der begehrten Sitzplätze zu ergattern. Denn zwischen 12 und 14 Uhr gibt es nur zwei Schichten, dann ist das Restaurant wieder zu und die Chance auf das beste Mittags-Sushi für 8 € vorbei. Für das Sushi wird hochwertiger Fisch verwendet, Lachs und Thunfisch beispielsweise haben eine hervorragende Konsistenz. Den Eierstich macht der Wirt selbst, und darin ist er einer der besten in München. Auch die Misosuppe mit Algen und Spinat ist sehr lecker. Wer kein Sushi mag, findet auch andere japanische Speisen, mein Favorit ist hier die Reisschüssel mit Stücken von frittiertem Gemüse und Fisch, genannt »Ten-don«.

Tipp: Mittag-Sushi-Set für 8 €.

Rablstraße 45, 81669 München
S, Tram 15, 25: Rosenheimer Platz
Mi–Sa 12–14, Di–So 18–22.30 Uhr, Mo Ruhetag
Tel.: 089 44 89 526
http://gomap.de/mti

Sakura **Altstadt**

»Für die tolle Lage ein günstiges Restaurant«

Das Sakura, ein japanisches Spezialitätenrestaurant mit Sushi-Bar, liegt direkt hinter dem Bayerischen Hof. Für die tolle Lage sind die Preise recht günstig und so treffen sich hier zur Mittagszeit (werktags 11–15 Uhr) hauptsächlich viele Anzugträger der umliegenden Banken und Büros. Das Sushi selbst ist nicht so schlecht, frisch und man wird auch satt. Als einer der wenigen Sushi-Läden in dieser Preisklasse werden die Nigiri original wie in Japan bereits mit Wasabi zwischen Reis und Fisch zubereitet. Auch die Makis sind fest und gut gerollt. Der Reis selbst hätte bei meinem Besuch Anfang Januar 2014 etwas mehr Essig vertragen. Eine interessante und für mich völlig neue Erfahrung waren die Inside-out-Maki mit gebratener Lachshaut »Sakekawa«. Die Einrichtung ist schlicht mit einfacher Japandekoration und es gibt auch zwei Bänke links am Sushi-Counter.
Mittag 6–10 €, Abend ab 10 €, Nigiri 4,20–8,20 €.

Prannerstraße 1, 80333 München
Tram 19: Theatinerstraße / U3–6: Odeonsplatz
Mo–So 11–22 Uhr
Tel.: 089 22 80 14 72
www.sakura-sushi.de *http://gomap.de/ska*

Shoya Hofbräuhaus & Platzl **Altstadt**

»Leckeres Sushi in zentraler Lage«

Nicht alle japanischen Touristen gehen ins Hofbräuhaus, einige bevorzugen auch heimische Kost und besuchen daher das nahe Shoya. Die zweckmäßige Einrichtung und die vergleichsweise günstigen Preise für den leckeren Fisch machen das Shoya beliebt, auch wenn sich einige in Online-Foren immer über einige Dinge im Service beschweren. Doch hier ist einfach der Durchsatz wichtig und garantiert somit die Frische und den Preis. Lachs und Thunfisch sind bissfest und die Misosuppe mit Tofu, Algen und frischen Schalotten ist lecker. Die Zweigstelle an der Ecke Pfisterstraße / Platzl hat länger geöffnet und bietet im ersten Stock viel Platz, also ideal für abendliche Feiern mit großen Gruppen. Sehr lecker ist auch »Tonkotsu-Ramen« (siehe Seite 43). Mo–Fr gibt es 12–16 Uhr günstige Bentos.
Bentos 9,80–13 €, Nudelsuppen 9,80–14,80 €, Nigiri 4–7 €.
Tipp: Gegrillter Aal auf Reis »Unadon« für 16,80 €.

Orlandostr. 5 und Pfisterstr. 6 / Platzl 3, 80331 München
Tram 19: Nationaltheater / U, S: Marienplatz
Mo–Sa 12–22 Uhr (am Platzl bis 23 Uhr), So Ruhetag
Tel.: 089 29 27 72 *Tel.: 089 54 28 315 (Platzl)*
www.shoya-group.de *http://gomap.de/soh*

Sushi Cent

Haidhausen

»Beste vietnamesische Sushi-Interpretation«

Der leider etwas spartanische, nüchterne Gastraum der Familie Nghiem wird durch die vielen Orchideen wieder aufgewertet. Der nette Service und der leckere Matcha-Tee machen bei mir einen guten ersten Eindruck. Ich bestelle eine Sashima-Platte, um damit den Fisch gut beurteilen zu können. Es gibt viel Lachs, der leider etwas zu weich ist, dafür sind die vier Scheiben Thunfisch bissfest und der Tintenfisch ebenso gut, frisch und fest. Muschel und Butterfisch sind okay, der Weißfisch mittelweich, doch leider riecht der Oktopus etwas fischig. Die Misosuppe mit Tofu und Seetang ist überzeugend, der Spinat-Salat mit Sesamsoße »Gomae« geschmacklich okay, aber zu weich. In der Summe sticht das Sushi Cent aber aus allen anderen von Vietnamesen in München betriebenen Sushi-Läden positiv hervor. Mittag 5,90–7,50 €, Sushi-Set 11,80–16,90 €, Nigiri 4,40–9,80 €. Tipp: Mittagsmenü M1 – Sushi für 7,50 €.

Lucile-Grahn-Straße 36a, 81675 München
Tram 19: Grillparzerstraße / U4: Prinzregentenplatz
Mo–Fr 11.30–14.30, Mo–So 17.30–23.15 Uhr
Tel. & Fax: 089 47 58 34
www.sushi-muenchen.net *http://gomap.de/sit*

Sushiya Sansaro **Maxvorstadt**

»Bestes Curry-Udon«

Das modern eingerichtete, weiträumige Restaurant liegt etwas versteckt genau in der Mitte der Amalienpassage zwischen Türken- und Amalienstraße. Seit fast zehn Jahren beglückt das japanische Personal mit hochwertigem Sushi und vorwiegend mit Zutaten in Bioqualität gekochten Speisen. Außer auf Stühlen sitzt man ganz angenehm auf Tatamis an kleinen Tischen am Fenster, wo man Gastraum und Sushi-Köche überblickt. Positiv fallen bei Nigiri-Sushi die Frische und die im Verhältnis zum Reis üppige Fischmenge auf. Der köstliche Grüntee ist mit etwas Macha-Pulver versetzt. Neben einer reichhaltigen Auswahl an Premium-Sake von kleinen Traditionsbrauereien gibt es Bio-Biere von »Heinz vom Stein«. Tipp: Neben Sushi ist Curry-Udon für 11,50 € empfehlenswert, Mo–Fr gibt es am Mittag für diesen Preis eine Sushi-Rolle als Vorspeise dazu. Mittag 9,20–14,50 €, Abend ab 24 €, Nigiri 5,40–13 €.

Amalienstraße 89, 80799 München
U3, U6: Universität
Mo–Sa 12–14.30, Mo–So 18–23.30 Uhr
Tel.: 089 28 80 84 42
www.sushiya.de http://gomap.de/sha

Tenmaya **Maxvorstadt**

»Running-Sushi All-you-can-eat«

Das Tenmaya ist eines der wenigen (wenn nicht das einzige) Running-Sushi-Lokale, die man in München besuchen kann. Meine Empfehlung ist, gleich um 11.30 Uhr zu beginnen, solange noch genügend Nigiri-Sushi kreisen. Außerdem ist es gleich zur Mittagsöffnung natürlich garantiert frisch. Bei meinem Besuch im Dezember 2013 gab es genügend Nigiri-Sushi mit Lachs, Tintenfisch und Oktopus, später dann auch noch Thunfisch-Maki. Die fünf verschiedenen japanischen Salate waren alle sehr lecker und auch einige der frittierten Gerichte auf dem oberen Laufband waren gut. Mit mehreren Personen sollte man unbedingt einen japanischen Raum »Zashiki« buchen, wo man auf dem Boden sitzen kann. Die Preise für die am Abend servierten Menüs sind dort natürlich teurer als das All-you-can-eat.

Mittag-Bento 13–20€, Abend All-you-can-eat-Sushi 19,80€.

Tipp: Mittag All-you-can-eat Running-Sushi 13,50€.

Theresienstraße 43, 80333 München

U2: Theresienstraße

Di–So 11.30–15 & 17.30–23 Uhr, Mo Ruhetag

Tel.: 089 57 93 31 30 *Fax: 089 57 93 31 31*

www.tenmaya.de *http://gomap.de/tem*

Wasabi **Neuhausen**

»Authentischer Japaner in Neuhausen«

Seit zehn Jahren betreibt das nette japanische Ehepaar Udagawa aus Tokio dieses Sushi-Restaurant in Neuhausen. Üblicherweise sitzt man an hellen Holztischen, doch gibt es auch einige Plätze direkt beim Sushi-Koch, um ihn bei der Arbeit zu beobachten. Wer das volle Japanfeeling sucht, der kann mit bis zu drei Personen in einer kleinen Ecke auf Tatami sitzen. Bei großem Sushi-Hunger am Mittag bietet sich »Tokusen« (11 Nigiri-Sushi) für 18 € an. Außerdem gibt es warme Gerichte, Tempura und verschiedene japanische Nudeln. Besonders günstig gibt es ein Sushi-Set für 8 € am Samstagmittag. Wer mehr Geld hat, kann ein mehrgängiges Menü mit Pflaumenschnaps, Misosuppe, Sashimi, Tempura, Nigiri und Dessert bestellen. Für zu Hause gibt es noch eine umfangreiche Take-out-Karte.

Mittag 7–18 €, Menü ab 30 €, Nigiri 5–8 €.

Tipp: Am Mittag die günstige Bento-Box für 7,50 €.

Volkartstraße 22, 80634 München
U1, U7: Rotkreuzplatz / Tram 12: Volkartstraße
Mo–Fr 12–14.30, Mo–Sa 18–23 Uhr, So Ruhetag
Tel.: 089 13 93 65 66 Mobil: 0177 20 95 984
www.muenchen-sushi-wasabi.com http://gomap.de/wsi

Yuki Hana **Altstadt**

»Sushi-Meister am Isartor«

Im Frühjahr 2013 eröffnete Familie Ban das Restaurant unweit vom Isartor, Herr Ban blickt auf eine langjährige Erfahrung als Sushi-Meister in Deutschland zurück und beherrscht sein Handwerk perfekt. Das kleine Restaurant ist modern eingerichtet. Meine Wahl fiel auf die Sushi-Platte »Dai« mit 9 Nigiri für 15 €, dazu gab es vorher eine leckere Misosuppe. Alle Nigiri sind gut geformt, der Reis, wie er sein muss, und auch der Fisch sehr frisch und bissfest, lediglich der Lachs war geschmacklich nicht ganz so perfekt, aber kein Grund für eine Beanstandung. Neben Sushi gibt es außerdem noch eine große Anzahl an Reisgerichten und Nudelsuppen, welche von Frau Ban zubereitet werden. Die Gewürze kommen dabei aus der vietnamesischen Küche, wie beispielsweise Koriander – probieren Sie hierzu »Fö«.
Sushi-Set 10,50–22 €, Nigiri 3–6 €.
Tipp: »Sushi Dai« für 15 € mit Misosuppe.

Thomas-Wimmer-Ring 9, 80539 München
Tram 16, 18, S: Isartor
Mo–Sa 11–22, So 14–22 Uhr
Tel. & Fax: 089 21 26 90 18
www.facebook.com/yukihanamunich http://gomap.de/yha

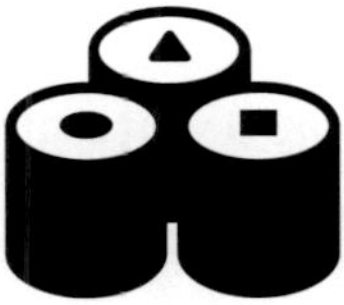

Sushi-Bars

»Sushi und manchmal dem Koch zuschauen …«

Typisch für eine Sushi-Bar ist in Japan ein langer Tresen, an dem man als Gast Platz nimmt, um gemütlich zu Bier oder Sake ein paar Happen Sushi zu essen, welches der Sushi-Koch hinter dem Tresen auf Bestellung frisch zubereitet. Die Umsetzung einer solchen Atmosphäre ist hier in München leider nur manchmal gelungen. Daher wurde in diese Kategorie zusätzlich die deutsche Interpretation mit aufgenommen, das heißt Bars, die auch Sushi anbieten.

Anna Restaurant **Isarvorstadt**

»Sehr stylische Bar in zentraler Lage«

In das Restaurant des Anna Hotels geht man nicht unbedingt, um Sushi zu essen, sondern eher wegen der Bar. Direkt nördlich vom Karlsplatz gelegen genießt man den Blick durch die großen Rundbogenfenster auf Schützen- und Bayerstraße und sitzt entweder am langen Bartresen oder an Tischen. Die Einrichtung ist sehr modern mit farbigen Akzentlichtern an der Wand. Von der Sitzbank gleich am Eingang rechts hat man einen guten Überblick über das ganze Geschehen. Allerdings bekommt man die Sushi-Köche selbst nicht zu Gesicht. Wen zwischen 22 und 24 Uhr in der Gegend noch die Lust auf ein schnelles Sushi packt, der hat leider wenig Alternativen. Die Cocktailkarte bietet eine reiche Auswahl, wobei aber Japantypisches fehlt. Der Barmann verfügt jedoch über »Shochu« und ist für Vorschläge offen. Sushi-Set 9–36 €, Nigiri 4,20–10 €.
Tipp: Sushi-Set von der Tageskarte oder Menü Ao für 22 €.

Schützenstraße 1, 80335 München
U, S, Tram: Karlsplatz (Stachus)
Mo–Sa 12–1, So 18–1 Uhr (Sushi bis 24 Uhr)
Tel.: 089 59 99 40
www.annahotel.de   http://gomap.de/anr

Maria Passagne **Haidhausen**

»Intime Bar in Haidhausen«

Um ins geheiligte Innere der Bar Maria Passagne Einlass zu bekommen, muss man als erste Hürde im Dunkeln zunächst die auf der rechten Seite hoch angebrachte Klingel finden. Ohne eine Reservierung wird man am Wochenende jedoch nur mit viel Glück einen Tisch finden, stattdessen kann man vielleicht gerade noch einen der drei Barhocker ergattern. Die intime Bar von Gerhart Rehm fällt durch extravagante Wanddekoration aus den Fünfzigern und schummrig rote Beleuchtung auf und besteht seit nunmehr über 20 Jahren. Es gibt eine sehr gute Auswahl an Cocktails (ab 8 €) und neben Sushi »à la carte« und Thai-Curry ein Sushi-Menü mit Misosuppe, 8 Maki-Rollen, 6 Nigiri, Weinbegleitung, Nachtisch und Espresso. Ungefähr einmal im Monat wird Live-Musik geboten, Termine auf der Website prüfen.
Sushi-Set 16–19 €, Menü 22,50 €, Nigiri 3–5,50 €.
Tipp: Sushi-Menü mit Suppe, Nachtisch und Wein 22,50 €.

Steinstraße 42, 81667 München
Tram 15, 19, 25: Wörthstraße / S: Rosenheimer Platz
Mo–Do 19–1, Fr 19–2, So 20–24 Uhr
Tel.: 089 48 61 67 Reservierung: 0177 69 24 414
www.maria-passagne.de http://gomap.de/mps

Rilano No.6 Lenbach Palais Maxvorstadt

»Sushi in beeindruckender Location«

Gediegen im Erdgeschoss des altehrwürdigen Lenbach Palais speist es sich vorzüglich. Nur am Mittwochmittag gibt es die Gelegenheit, günstig vom Buffet »Makimono Mirawase«, also gemischte Maki-Rollen, zu essen. Die Auswahl an Maki-Rollen ist wirklich vorbildlich, bei meinem Besuch gab es neben normalen Makis mit Thunfisch, Lachs, Avocado, Gurke, gelbem Meerrettich und Surumi noch verschiedene Inside-out-Rollen u.a. mit Thunfischtartar. Davor kann man sich noch eine leckere Suppe und zum Abschluss einen Nachtisch nehmen. 16€ ist nicht gerade günstig für ein Mittagsbuffet, in Anbetracht von Qualität und Auswahl aber auf jeden Fall den Preis wert. Am Abend empfehle ich Sushi von der Karte und sich dazu an der Bar ein paar Drinks zu gönnen. Alternativ am Tisch bei Kerzenlicht vielleicht das Sushi-Arrangement für zwei?
Nigiri 7–9€. Tipp: Mittwoch Sushi-Lunch-Buffet für 16€.

Ottostraße 6, 80333 München
Tram 19, 27: Lenbachplatz / U4–5, S: Karlsplatz (Stachus)
Mo–Sa 11–3 Uhr, So & Feiertag geschlossen
Tel.: 089 54 91 300 Fax: 089 54 91 30 75
www.rilano-no6.com http://gomap.de/ran

Sushi & Soul **Isarvorstadt**

»Trendige Sushi-Bar im Glockenbachviertel«

Um hier einen Platz zu bekommen, muss man entweder reservieren oder möglichst früh kommen und hoffen, dass man am langen Tisch oder an der Sushi-Bar Platz findet. Jüngere und junggebliebene Gäste schätzen hier Sushi, Bentos (bis 19.30 Uhr zum halben Preis) und die Vielfalt an Cocktails und Whisky. An der Sushi-Bar hat man einen guten Überblick über das weitläufige Restaurant und kann außerdem den Sushi-Köchen über die Schulter schauen. Die Misosuppe ist sehr lecker und mit Rettichgemüse und Nameko-Pilzen. Das Nigiri-Sushi ist gut und die Maki-Rollen sind sehr beliebt und werden immer frisch auf Bestellung gemacht. Das Bento mit gebackenem Fisch auf Salat, Sushi und mehr ist eine sehr gute Wahl. Es werden hier übrigens noch Sushi-Kurse (vegan) und Whisky-Seminare angeboten. Sushi-Set 15,50–19,50 €, Nigiri 4,40–9,40 €. Tipp: ½ Preis Bentos bis 19.30, Cocktails bis 20, Sushi Mo & So ab 22 Uhr.

Klenzestraße 71, 80469 München
T17, U1,U2,U7: Fraunhoferstraße / T16–18: Müllerstraße
Mo–So ab 18 Uhr
Tel.: 089 20 10 992 *Fax: 089 20 10 994*
www.sushi-soul.de *http://gomap.de/siu*

Sushi Sano **Altstadt**

»Münchens ältester Sushi-Spezialist«

Die Sushi-Bar liegt günstig zwischen Stachus und Sendlinger Tor und bietet auch fünf Plätze an der Bar, wobei man den asiatischen Köchen ein wenig bei der Arbeit zusehen kann, am besten im Blickfeld liegt jedoch nur die große Maschine zum Rollen der Maki. Der Sushi-Lunch beinhaltet eine Misosuppe mit Tofu, Seetang und Lauchzwiebeln. Klassisch auf dem Holzbrett kommen dann jeweils 6 Nigiri (Tintenfisch, Dorade, Lachs, Garnele, Thunfisch und Ei) und 6 Maki-Rollen (3 Thunfisch und 3 Lachs). Wasabi und Ingwer stehen griffbereit auf dem Tisch und können nach Belieben dazugegeben werden. Die Maki-Rollen waren leider schon etwas durchweicht, dafür waren die Nigiri nicht zu beanstanden, sondern von der Konsistenz her einwandfrei. Lediglich der Eierstich lag schon in Scheiben vorgeschnitten im Tresen und war am Rand eingetrocknet.
Mittag 6–8 €, Nudelsuppen 6–8,50 €, Nigiri 2–4 €.

Josephspitalstraße 4, 80331 München
U, S, Tram: Karlsplatz (Stachus) / U, Tram: Sendlinger Tor
Mo–Sa 11–22, So 16–22 Uhr, Feiertag geschlossen
Tel.: 089 26 74 90
www.sushi-sano.de *http://gomap.de/sio*

Sushibar City **Altstadt**

»Beste Sashimi-Platte«

In der modern eingerichteten, aber leider etwas versteckt liegenden Sushi-Bar arbeitet gekonnt ein japanischer Sushi-Meister hinter dem Tresen. Neben dem stets vorzüglichen und frischen Fisch sind mir der selbst geriebene Wasabi, die Misosuppe mit weißem Miso, Tofu und Seetang sowie der leckere Grüntee mit geröstetem Reis »Genmai-cha« positiv aufgefallen. Damit der Gast nicht zu lange warten muss, schaut der Koch auch aufmerksam auf die Aktivitäten der Bedienung. Die Konsistenz des Fisches ist fest, Thunfisch und Lachs mittelfest. Mein persönlicher Favorit ist die Sashimi-Platte mit vielen unterschiedlichen Fischstücken, schön gebettet und dekoriert mit zahlreichen Arten von Seetang. Tipp: Der durchsichtige längliche Seetang ist essbar, auch wenn er ein wenig wie Plastikreste aussieht. Die einzige Kritik ist das Ei, welches bei meinem Besuch leider ein bisschen zu trocken und fest war.

Maximilianstraße 34, 80539 München
Tram 19: Kammerspiele / U4–5: Lehel
Mo–Fr 12–15 & 18–22.30, Sa 12–16 & 18–22.30 Uhr
Tel.: 089 25 54 06 45 Home Service: 089 30 00 51 50
www.sushibar-muc.de http://gomap.de/sbc

Sushibar Schwabing ✪✪✪ Schwabing

»Allerfrischeste und große Portion Sashimi«

Üblicherweise hat diese Sushi-Bar in Laufweite der Münchner Freiheit nur am Abend geöffnet, doch bietet sich am Donnerstag, wenn die Küche neue Ware bekommt, die Gelegenheit, auch am Mittag eine der frischesten Sashimi-Platten in ganz München zu genießen. Mein Lieblingsplatz ist am langen Bartresen, denn hier kann man den Sushi-Koch bei seiner Kunst beobachten und sich auch etwas unterhalten. Die Sushibar Schwabing ist modern und geschmackvoll eingerichtet, und wer am Abend einen Tisch möchte, sollte unbedingt rechtzeitig reservieren. Der Grieche Kosta Baboulis betreibt neben diesem Restaurant auch noch die Sushibar City und ist für das Sushi im Anna Hotel verantwortlich. Außerdem kann man alle Köstlichkeiten noch über seinen Homeservice bestellen.

Sushi-Set 10–37 €, Nigiri 4,40–13,60 €.

Tipp: »Sashimi Moriawase« für 19 € (Do 12–14.30 Uhr).

Marschallstraße 2, 80802 München

U3, U6, Tram 23: Münchner Freiheit

Do 12–14.30, Mo–Sa 17–1, So & Feiertag 18–1 Uhr

Tel.: 089 38 89 96 06 Home Service: 089 30 00 51 50

www.sushibar-muc.de http://gomap.de/sbs

Teishoku & Kushiage

»Es muss nicht immer Sushi sein ...«

Der Schwerpunkt dieser Restaurants liegt auf gegrilltem und frittiertem Gemüse, Fleisch und Fisch. Gegrillte Hühnerspieße »Yakitori« sind vielen bekannt und auch verbreitet, aber es gibt auch gute Restaurants, die sehr leckere frisch frittierte Spieße »Kushiage« anbieten. Kushiage schmeckt dabei gar nicht fettig und ich kann daher jedem nur empfehlen, es mal zu probieren.

Campanula **Maxvorstadt**

»Hausmannskost und allerbester Kuchen«

Über ein Jahrzehnt betreibt Frau Kaneshiro aus Osaka mit ihrem Mann das kleine persönliche Restaurant in München. Während er in der Küche kocht, bedient sie die Gäste und zaubert als Konditorin leckere Kuchen im japanischen Stil. Beliebt sind hier die hausgemachten Teigtaschen und die japanischen Gemüsepfannkuchen. Empfehlenswert sind auch die japanischen Kroketten, welche es sowohl mit Fleisch und Currygeschmack als auch rein vegetarisch mit Bohnen gefüllt manchmal auf der Tageskarte gibt. Auf jeden Fall müssen Sie zum Dessert noch einen der Kuchen probieren. Mein absoluter Favorit ist der »Mont Blanc«, diese Kastaniencremetörtchen kennen manche schon aus Frankreich. Die Kuchen gibt es auch zum Mitnehmen, und auf Vorbestellung kann man Torten zum Geburtstag oder zu anderen Anlässen machen lassen. Info: Nur Bargeld! Tagesgerichte 5,80–9,80 €, Karte 5,50–19 €, Kuchen ab 3 €.

Gabelsbergerstraße 46, 80333 München
T20–22: Sandstr./ U1,U7: Stiglmaierplatz / U2: Theresienstr.
Di–Fr 12–14.30, Di–So 18–23 Uhr, Mo Ruhetag
Tel.: 089 52 27 83
www.restaurant-campanula.de http://gomap.de/cma

Haguruma **Isarvorstadt**

»Authentische japanische Schnitzel«

In der Baaderstraße gibt es dieses kleine Restaurant, welches neben Sushi auch sehr authentische japanische Schnitzel auf der Karte hat. Bedienung und Sushi-Koch sind aus Japan und mein Lieblingsgericht im Haguruma ist »Katsu-don«, ein auf japanische Art paniertes Schweineschnitzel mit Ei, Zwiebeln und Seetang auf Reis. Die Schnitzel werden immer ganz frisch zubereitet, und es gibt noch zwei weitere Geschmacksvarianten: mit Curry oder mit spezieller Misosoße. Bei den Mittagsmenüs gibt es übrigens noch Salat, Misosuppe, etwas eingelegten Rettich und Grüntee dazu. Darüber hinaus gibt es zwei mehrgängige Spezialmenüs mit Vorspeise, Sashimi, Tempura, Hühnerspießen oder Rindfleisch Shabu-Shabu und Nachspeise (Eis aus Grüntee und schwarzem Sesam).
Mittag 12–15,50 €, Spezialmenüs ab 45 €, Nigiri 4–6,50 €.
Tipp: Katsu-don-Menü für 15,50 €.

Baaderstraße 62, 80469 München
Tram 17, U1, U2, U7: Fraunhoferstraße
Mo–Sa 12–15 & 18–23.30 Uhr, So Ruhetag
Tel.: 089 20 16 911 Fax: 089 20 16 917
www.restaurant-haguruma.de http://gomap.de/hgc

Kushiage Enn ✪✪✪ Maxvorstadt

»Beste authentische Kushiage«

Das Kushiage Enn ist ganz auf »Kushiage« spezialisiert und man fühlt sich hier fast wie in Japan, da der Koch die Spieße sehr authentisch gleich hinter dem Tresen vorbereitet, frittiert und dem Gast diese dann immer ganz frisch herüberreicht. Am Abend wählt man am besten je nach Hunger ein Set mit 7, 10 oder 14 Spießchen aus verschiedenem Gemüse, Fleisch und Meeresfrüchten, die man nacheinander bekommt. Wer nur eine Sorte des Frittierten bevorzugt, bestellt jeweils 3 Stücke frittiertes Fleisch, Garnelen oder Gemüse. Außerdem kann man am Abend auch Gemüsepfannkuchen »Okonomiyaki« essen. Bei Vorbestellung gibt es »Shabu-Shabu«; dabei werden dünne Fleischscheiben im heißen Wasser am Tisch selbst gekocht. Mittag 7–10,50€, Abend Kushiage-Set 14–26€.
Tipp: Am Mittag 5 Kushiage-Spießchen mit Misosuppe, Salat und Reis für nur 8,30€ bestellen. Info: Nur Bargeld!

Barer Straße 65, 80799 München
Tram 27, 28: Schellingstraße oder Nordendstraße
Di–So 12–15 & 18–22 Uhr, Mo Ruhetag
Tel.: 089 27 37 26 41
www.kushiageenn.de *http://gomap.de/kse*

Kushi-Tei of Tokyo **Maxvorstadt**

»Bester auf offener Flamme gegrillter Fisch«

Zum Mittag gibt es sehr leckere Teishoku-Menüs ab 6€, die frisch zubereitet werden und von denen man satt wird. Als Beilage gibt es vorher noch eine Misosuppe, Salat und ein guter gerösteter Grüntee »Hoji-cha« ist schon inbegriffen. Ein Highlight ist die »Saba-Shio«, ein Stück gesalzene Makrele, welches auf der offenen Gasflamme gegrillt wird. Die Einrichtung des Lokals ist einfach und zweckmäßig, entweder man sitzt direkt am Counter und schaut dem Koch beim Grillen zu oder im Gastraum, wo sieben Vierertische durch Holztrennwände im japanischen Stil separiert sind, was ich als sehr angenehm empfunden habe. Der Service ist schnell und zuvorkommend, Tee wird bei Bedarf auch immer nachgeschenkt. Für süße Leckermäuler gibt es eine große Portion Rote-Bohnen- und Grüntee-Eis.

Mittag 6–12€, nur am Abend: Kushiage-Set 15,90–34,50€.

Tipp: Mittags frisch gegrillte Makrele oder Lachs zu 8,50€.

Arcisstraße 39, 80799 München

Tram 27, 28: Schellingstraße / U2: Theresienstraße

Mo–Fr 12–14.30, Mo–So 18–23.30 Uhr

Tel.: 089 27 37 42 74

www.kushitei.de http://gomap.de/kti

Kitcho **Altstadt**

»Leckeres und günstiges Teishoku«

Wenn man von der Maximilianstraße in die Wurzerstraße einbiegt, sieht man schon von weitem das Schild mit der japanischen Flagge. Das Kitcho ist stillvoll japanisch eingerichtet und man erkennt am freundlichen Service sofort, dass hier nur echte Japaner am Werk sind. Ganz hervorragend und auch bei japanischen Gästen beliebt sind im Kitcho die Teishoku-Gerichte. Mein persönlicher Favorit ist das »Tori-Karaage-Set«, welches aus einer riesigen Portion frittierter Hühnerfleischstücke mit Salat besteht. Dazu gibt es noch Reis, eine Misosuppe und vorher ein wenig eingelegtes Gemüse. Lecker ist auch die gegrillte Makrele »Saba-Shio«. Wer unbedingt rohen Fisch möchte: Menge und Qualität beim Sashimi-Set für 10€ ist nicht berauschend, es gibt leider von allem nur Mini-Stücke.
Mittag 8,50–17,50€, Menüs 22–34€, Nigiri 2,30–4€.
Tipp: Zum Mittag »Tori-Karaage-Set« für 8,50€.

Wurzerstraße 14, 80539 München
Tram 19: Kammerspiele / U4–5: Lehel / U3–6: Odeonsplatz
Di–Sa 12–14.30, Di–So 18–23 Uhr, Mo Ruhetag
Tel. & Fax: 089 22 83 882
www.kitcho.de *http://gomap.de/kio*

Nudelsuppen

»Schlürfen ist hier ausdrücklich erlaubt …«

Ganz egal ob Ramen (dünne Eiernudeln), Soba (dünne Buchweizennudeln) oder Udon (dicke Weizennudeln), die japanische Küche ist sehr reichhaltig bei Suppen, die man gerne auch schlürfend aus großen Schüsseln zu sich nimmt. Die gesunde Variante ist zum Beispiel Soba mit Berggemüse »Sansei-Soba«, auf der anderen Seite der Skala wäre dann eine Schüssel Ramen mit gebratenem Schweinefleisch.

Nipponoodles Maxvorstadt

»Tolles Yakisoba«

Im modern eingerichteten Nipponoodles werden Ramen und Yakisoba aus selbstgemachten Nudeln serviert. Meine Empfehlung ist hier, das »Regular Yakisoba« mit herzhafter Soße zu probieren. Yakisoba ist eine Art japanische Pasta, bei der Nudeln zusammen mit Zwiebeln, Lauch, Karotten und Kohl angebraten werden. Darüber kommt dann eine Soße und gegen Aufpreis können noch verschiedene Toppings wie Fleisch, Gyoza, Eier oder Meeresfrüchte gewählt werden. Vom Mittag-Set, bei dem Tee und eine Vorspeise dabei sind, wird man auch ohne Toppings satt. Als Vorspeise ist Algensalat mit Sesam »Goma Wakame« lecker, und dazu kann ich den Ingwertee empfehlen. Alle Gerichte gibt es auch zum Mitnehmen. Wegen des Yuzu Sakes auf Eis werde ich noch einmal am Abend kommen.
Mittag-Set 8,20 €, Nudelsuppen 7,90–13,90 €.
Tipp: Mittags »Regular Yakisoba« mit »Goma Wakame«.

Gabelsbergerstraße 77, 80333 München
T20–22: Sandstr./ U1,U7: Stiglmaierplatz / U2: Theresienstr.
Mo–Sa 12–15 & 18–23 Uhr, im Winterhalbjahr So geöffnet
Tel.: 089 55 26 18 33 Fax: 089 38 88 79 56
www.nipponoodles.de http://gomap.de/npo

Nudelhaus Sano **Lehel**

»Leckere Udon«

In dieser Zweigstelle des Sushi Sano werden in der Hauptsache Ramen, Udon und Soba von zwei netten Asiatinnen zubereitet. Leicht über die S-Bahn (Haltestelle Isartor) zu erreichen, sitzt man am langen Tresen oder an einem der wenigen Tischchen an der Wand. Mein Favorit hier sind die leckeren Udon, die es je nach Wahl mit zwei frittierten Garnelen, gebackenen Tofutaschen, Algen und Lauchzwiebeln, Berggemüse oder Schweinefleisch gibt. Wer noch etwas Sushi möchte, der kann hier übrigens auch Maki-Sushi essen oder mit nach Hause nehmen. Neben deutschem Bier gibt es Kirin-Bier für nur 3,20 € (0,33 l). Beim zweiten Besuch war der Service schlechter. Meine Bestellung wurde vergessen und brauchte daher 20 Minuten, einmal erinnert kamen die Udon in zwei Minuten.
Mittag-Set 6,50–8 €, Nudelsuppen 6–8,50 €.
Tipp: Udon für jeweils 6,50 €, »Wakame-Udon« für 6 €.

Zweibrückenstraße 19, 80331 München
Tram 16, 18, S: Isartor
Mo–Sa 11–22 Uhr, So & Feiertag geschlossen
Tel.: 089 21 56 83 30
www.sushi-sano.de   http://gomap.de/nso

Sasou **Altstadt**

»Leckeres und günstiges Sansai-Soba«

Schon beim Betreten dieses Selbstbedienungsrestaurants direkt am Marienplatz neben dem Apple-Shop fühlt man sich wohl. Das trendige Ambiente mit viel Holz und Fotos aus Japan an den Wänden fällt mir positiv auf, lediglich die Designhocker sind nach einiger Zeit etwas unbequem. Wenn ich mich nach einer Einkaufstour in der Innenstadt stärken möchte, ist mein Lieblingsgericht im Sasou nicht Sushi, sondern die sehr gesunden Buchweizennudeln mit Berggemüse »Sansai-Soba«, welche schnell zubereitet werden und fast wie in Japan schmecken. Im Winter bevorzuge ich den Zitronen-Ingwer-Tee, während im Sommer der grüne Eistee mit Limone meine erste Wahl ist. Als speziellen Service für Vegetarier werden die Suppen auf Wunsch auch ohne die sonst übliche Fischbrühe zubereitet.
Mittag-Set 8–11,50€, Nudelsuppen ab 7,50€.
Tipp: Soba mit Berggemüse »Sansai-Soba« für 7,50€.

Marienplatz 28, 80331 München
U, S: Marienplatz
Mo–Sa 11–22 Uhr, So Ruhetag
Tel.: 089 26 37 01 *Fax: 089 26 36 47*
www.sasou.de *http://gomap.de/sao*

Shoya am Viktualienmarkt **Altstadt**

»Bester Ramen im Kyushu-Stil«

Das kleine Restaurant oberhalb des Viktualienmarktes ist einfach eingerichtet und kinderfreundlich. Auch japanische Familien kommen sehr gerne hierher, da es schmeckt und die Preise für München okay sind. Außer dem aus den anderen Shoya-Restaurants bekannten guten Sushi steht auch hier »Tonkotsu«, eine aus Kyushu bekannte Ramen-Spezialität, auf der Karte. Die Suppenbrühe des »Tonkotsu« verdankt seinen leckeren Geschmack ausgekochten Schweineknochen. Meine Empfehlung ist die Variante »Chanpon« mit Weißkohl, Mais, Sojasprossen, Zuckererbsen, Lauch, Karotten, Garnele, Schweinefleischstücken und einem halben Ei. Außerdem gibt es eine große Auswahl an verschiedenen Reisgerichten und Menüs mit Fisch, Fleisch, Nudeln oder Sushi.
Mittag-Set ab 9,50 €, Ramen 9,80–11,80 €, Nigiri 3–5,60 €.
Tipp: Ramen-Nudelsuppe »Chanpon« für 11,80 €.

Frauenstraße 18, 80469 München
T16, 18: Reichenbachplatz / U, S: Marienplatz / S: Isartor
Mo–Sa 12–22 Uhr, So Ruhetag
Tel.: 089 24 20 89 89
www.shoya-group.de *http://gomap.de/sov*

Takumi ✪✪✪ Maxvorstadt

»Bester Ramen«

Definitiv gibt es hier den besten Ramen in ganz München. Ganz egal ob Sie Shoyu-, Shio- oder Miso-Ramen mit unterschiedlichen Beilagen wie Ei, Seetang, Lauchzwiebeln, gebratenem Schweinefleisch usw. wählen, alle Sorten sind hier sehr lecker und schmecken ganz so wie in Japan. Wer gerne mehr Sojabohnensprossen möchte, bekommt dies ohne Aufpreis. Auf jeden Fall sollte man hier auch die hausgemachten Gyoza probieren. Am Samstag kann es zur Mittagszeit im Eingangsbereich zu längeren Wartezeiten für einen der begehrten Sitzplätze im Restaurant kommen, denn ins Takumi kommen sowohl die in München lebenden Japaner als auch Deutsche, die authentischen Ramen besonders zu schätzen wissen.

Mittag-Set 11,80–12,80 €, Nudelsuppen 9,80–12,80 €.

Tipp: Mittag Mo–Fr Miso-Ramen, Gyoza und Reis 12,80 €.

Heßstraße 71, 80798 München

Tram 20–22: Sandstraße / U2: Theresienstraße

Mo–Fr 12–15 & 17–22, Sa 12–22, So & Feiertag 12–21 Uhr

Tel.: 089 52 85 99

www.takumi-noodle.com *http://gomap.de/tkm*

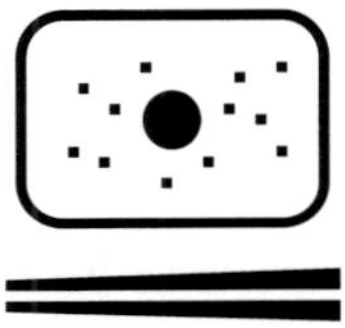

Imbiss & Take-away

»Für den schnellen Hunger«

Egal ob ein Imbiss, Take-away oder Lieferservice, hier kommt es vor allem darauf an, dass es schnell geht, aber trotzdem lecker, frisch und möglichst preiswert ist.

Kims Sushi **Schwabing**

»Sushi-Imbiss mit guter Qualität«

Im kleinen Laden in Laufreichweite des Hohenzollernplatzes wartet man auf einer Holzbank, während Frau Kim in der Küche das Sushi zubereitet. Nur das leise Surren der Kühltheke und das Werkeln der Sushi-Köchin stören später die Ruhe, wenn man am kleinen Stehtisch, der maximal Platz für drei Gäste bietet, sein Essen genießt. Üblicherweise lässt man sich das Sushi nach Hause liefern oder holt es sich ab. Frau Kim macht eine sehr gute gemischte vegetarische Platte. Fischliebhaber müssen unbedingt auch noch die »Temaki« probieren, dabei werden Fisch und Reis in eine Algenblatt-Tüte gerollt. Mein absoluter Favorit ist »Negitori«, gehackter Thunfisch mit Frühlingszwiebeln. Kims Sushi gibt es schon seit 1989 und man kann dort auch japanisches Bier, Sake, Snacks und Sojasoße für zu Hause kaufen. Mittag 10–18 €, Sushi-Set ab 12,50 €, Nigiri 5–10 €.
Tipp: Business Lunch vegetarisch 10 €, Negitori 6 €.

Herzogstraße 91, 80796 München
Tram 12, 18: Clemensstraße / U2: Hohenzollernplatz
Mo–Fr 11–22, Sa–So 17–22 Uhr
Tel.: 089 30 07 533
www.kimssushi.de http://gomap.de/ksi

Little Tokyo **Maxvorstadt**

»Günstiges Sushi und Suppen«

Das von einer netten vietnamesischen Familie 2013 eröffnete kleine und modern eingerichtete Restaurant ist bei Anwohnern und Studenten sehr beliebt, da es Sushi und Nudelsuppen zu günstigen Preisen anbietet. Ich testete das Sushi-Set Tokyo bestehend aus 6 Gurken-Maki und 6 Nigiri (Thunfisch, Lachs, Garnele, Tintenfisch, Weißfisch und Ei) für 10 €. Die Maki waren fest gerollt und der Fisch auf den Nigiri war auch in Ordnung, lediglich die Form der Nigiri etwas zu bauchig. Das nächste Mal werde ich Nudelsuppe oder eines der beiden vietnamesischen Gerichte (Pho Ga und Pho Bo) probieren; das Rezept hat die Besitzerin von ihrer Mutter aus Hanoi mitgebracht. Wie bei günstigen Sushi-Ketten in Japan gibt es übrigens kleine Bestellzettel, auf denen man das Sushi auch einzeln bestellen kann. Das ist oftmals besser, als bei einem Fließbandsushi vergeblich auf den Lieblingsfisch zu warten. Mittag ab 6 €, Nigiri 2–4 €.

Steinheilstr. 21 (Eingang Augustenstr.), 80333 München
U2: Theresienstraße
Mo–Sa 11–22 Uhr, So & Feiertag 15–22 Uhr
Tel.: 089 52 05 99 37 Fax: 089 52 05 99 38
http://gomap.de/ito

Sushi Circle **Maxvorstadt**

»Sushi im Kaufhaus am Stachus«

Die Lage dieses Fließbandsushi-Restaurants in der Schmankerlgasse im Untergeschoss des Kaufhauses Karstadt befindet sich auf der Seite zum Karlsplatz. Die Lage garantiert einen hohen Durchsatz und so ist es ein idealer Anlaufpunkt, wenn man auf dem Weg nach Hause schnell etwas Sushi haben möchte. Üblicherweise bevorzuge ich eine der Sushi-Boxen zum Mitnehmen – diese werden im Laufe des Tages mehrmals frisch aufgefüllt. Meine Empfehlung ist das Sushi-Circle-Menü mit 4 Nigiri, 6 Maki und 2 Inside-out-Rollen. Der Fisch ist immer frisch und lecker, lediglich beim Reis fehlt im Abgang geschmacklich etwas die Süße. Mo–Fr gibt es ab 12 Uhr ein Mittagsmenü, bei dem man vier Sushi-Teller und eine Nudelsuppe frei wählen kann. Kochkurse gibt es für 79 €.
Mittagsmenü 8,95 €, Take-out ab 3,95 €, Nigiri 0,95–4,95 €.
Tipp: Sushi-Circle-Menü zum Mitnehmen für 9,85 €.

Bahnhofplatz 7, 80335 München
U, S, Tram: Karlsplatz (Stachus)
Mo–Sa 9.30–20 Uhr, So Ruhetag
Tel. & Fax: 089 51 50 59 08
www.sushi-circle.de *http://gomap.de/sce*

Sushi Express **Schwabing**

»Frischester Lieferservice«

Sushi Express blickt auf eine fast 20-jährige Geschichte zurück und liefert von Schwabing aus sein frisches und leckeres Sushi ab einer Bestellung über 19,50 € innerhalb des Stadtgebietes kostenfrei. Dort gibt es übrigens auch acht Sitzplätze, doch hat die Einrichtung eher den Charme einer Bahnhofsgaststätte und dient daher eher als Warteraum für Selbstabholer (10%, 18–19 Uhr 15% Rabatt). Bei meinem Besuch wählte ich Menü »Lunch 3« für 19,40 €, da nur dieses Set Nigiri enthält, und war positiv überrascht, weil ich diese Qualität von einem reinen Lieferservice nicht erwartet hätte. Zunächst gab es eine schmackhafte große Misosuppe mit Tofu und viel Algen. Die Nigiri sind gut geformt, Reis und Fischqualität einwandfrei und innen mit Wasabi. Die Makis mit recht interessanten Kombinationen, wie zum Beispiel mit frittierten Garnelen und außen Lachs.

Mittag-Set mit Misosuppe 12,90–19,40 €, Nigiri 3,80–9,30 €.

Belgradstraße 47, 80796 München
Tram 12, 18: Karl-Theodor-Straße / U3: Bonner Platz
Mo–Fr 11–15 & 18–22.30, Sa–So 17.30–22.30 Uhr
Tel.: 089 30 04 000 Fax: 089 30 76 29 25
www.sushi-express.de http://gomap.de/sue

Sushi Magie **Altstadt**

»Günstiges Sushi in zentraler Lage«

Das schlicht, aber modern eingerichtete Restaurant direkt am östlichen Rand des Viktualienmarktes ist vor allem bei jungen Leuten mit nicht so dickem Geldbeutel sehr beliebt. Die Bestellung am Tisch nimmt die asiatische Bedienung schnell und effektiv über die Nummern auf der Karte entgegen. Der Lachs und der Thunfisch auf dem Nigiri- und Maki-Sushi waren zwar etwas weich, dafür aber frisch. Tintenfisch und Oktopus waren dafür schön bissfest. Für preiswertes Sushi für den schnellen Hunger nach dem Shopping ist das Restaurant auf jeden Fall eine Empfehlung. Der Level entspricht dem von »Japan-Convenience-Store-Sushi«. Nicht zu empfehlen sind die Hühnerspieße »Yakitori«, da zu weich (Mikrowelle), dafür geht die Misosuppe einigermaßen. Andere warme Gerichte aus Vietnam wurden bei meinem Besuch nicht probiert.
Tipp: 6 Stücke Maki-Sushi zu 2,50€.

Westenriederstraße 13, 80331 München
T16, 18: Reichenbachplatz / U, S: Marienplatz / S: Isartor
Mo–Sa 11.30–21.30, So 12–21.30 Uhr
Tel.: 089 21 66 82 64
http://gomap.de/sme

Sushi Plus **Maxvorstadt**

»Take-away Sushi-Art«

Erst Ende 2013 hat der kleine Laden für Take-away-Sushi gegenüber der Hochschule München an der Dachauer Straße eröffnet. Zum Sitzen gibt es eigentlich nur zwei »Notsitze« an der Wand direkt am Eingang. Hinter dem Tresen arbeitet Takayuki Kawakami aus Tokio, der als »Master of Sushi-Art« bezeichnet wird. Blättert man im Prospekt zur japanischen Sushi-Kunst, so findet man dort Maki-Rollen-Kreationen wie »Schinken-Garnele«, »Mango-Chicken« und »Weißwurst mit roten Zwiebeln«. Bevor ich mich an solche exotischen Dinge heranwage, habe ich das »Mittagsmenü C« zu 5,20 € bestellt, bestehend aus 2 Nigiri und 12 Maki-Rollen. Der Fisch war frisch und geschmacklich in Ordnung. Leider war der Sushi-Reis nicht meisterhaft, da er trocken und zu fest war und zu wenig Essig enthielt. Deshalb sind die Nigiri beim Herausnehmen gleich zerfallen. Mittag 3,50–5,20 €, Maki-Sushi ab 3,50 €, Nigiri 3–6 €.

Dachauer Straße 145a, 80335 München
Tram 20–22: Hochschule München / U1, U7: Stiglmaierplatz
Mo–Fr 11–15 & 17–22.30, Sa–So 17–22.30 Uhr
Tel.: 089 20 06 04 08
www.sushiplus.de http://gomap.de/spu

Take Don ✪✪✪ Maxvorstadt

»Bestes und günstiges Gyu-don«

Sehr leckeres »Gyu-don« gibt es für nur 7,50€ bei Takeshi aus Kyoto unweit vom Stiglmaierplatz in der Maxvorstadt. »Gyu-don« sind dünne gebratene Rindfleischscheiben in einer Soße mit Zwiebeln auf einer Schale Reis serviert. »Donburi« (Kurzform »Don«) steht für Gerichte, die auf einer Schale Reis angerichtet werden. Statt mit Rindfleisch gibt es auch eine andere wöchentlich wechselnde »Donburi« mit Gemüse, Fisch oder Tofu. Für die immer frisch zubereiteten Gerichte verwendet der gesangstalentierte Koch (RTL Supertalent 2010) nur beste Zutaten und verzichtet auf Geschmacksverstärker wie Glutamat. Takeshis »Donburi« kosten in der Regel 7,50€. Eine große Portion kostet 1€ Aufpreis, eine kleine Portion 0,50€ weniger. Wer gerne Tee trinkt, sollte auch den leckeren »Genmai-cha« (Grüntee mit geröstetem Reis) probieren.

»Donburi« Gerichte 7–8,50€. Tipp: »Gyu-don« für 7,50€.

Erzgießereistraße 32, 80335 München
Tram 20–22: Sandstraße / U1, U7: Stiglmaierplatz
Di–Sa 11.30–16 Uhr
Tel.: 089 23 71 07 81
www.facebook.com/takedontakedon http://gomap.de/tdn

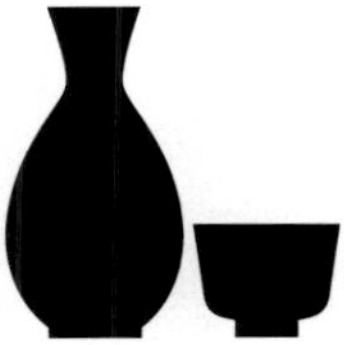

Izakaya

»Kneipen im japanischen Stil«

Bei Bier, Sake, Wein, Whisky oder Shochu bestellt man sich in einer Izakaya üblicherweise einzelne Teller mit den unterschiedlichsten Gerichten, die man dann in die Mitte stellt und miteinander teilt. Neben Salat und Gemüse dominiert dabei meistens gebratenes und frittiertes Fleisch oder Fisch. Eine typische und gute japanische Izakaya ist dabei auch zu vorgerückter Stunde immer bis auf den letzten Platz besetzt und es geht gerne mal lauter zu.

Bento Box — Schwabing

»Sushi für Officeworker«

Seit der Sushi-Shop in Hausnummer 52 geschlossen wurde, finden sich gerade zur Mittagszeit viele Angestellte der umliegenden Büros auf den stylisch-schlichten Holzbänken der aus Köln bekannten Sushi-Kette ein. Einzeln bestellbar gibt es eine große Auswahl an Nigiri- und Maki-Sushi und am Mittag ein mit 7€ zwar günstiges Menü, bei dem man aber leider nicht satt wird. Tipp: Zum Menü den Salat wählen und die Misosuppe dazu bestellen. Im Nigiri-Sushi selbst ist kein Wasabi zwischen Fisch und Reis, daher einfach die Sojasoße selbst mit dem gelieferten Wasabi würzen. Den Sushi-Level würde ich mit einem guten »Convenience-Store-Sushi« in Japan vergleichen. Wer kein Sushi mag, findet auch andere Fleisch- und Fischgerichte sowie eine Auswahl an Suppen. Dank einer reichhaltigen Getränkekarte wird der Ort am Abend zur idealen Izakaya.
Mittag ab 7€, Sushi-Set 6,50–28,50€, Nigiri 3,60–10,80€.

Leopoldstraße 42, 80802 München
U3, U6: Giselastraße
Mo–Fr 11.30–23, Sa 12–23.30, So 12–22 Uhr
Tel.: 089 33 01 91 95 *Lieferservice: 089 33 03 68 12*
www.bentobox.de *http://gomap.de/btx*

Japa Tapa **Altstadt**

»Leckeres über Holzkohle gegrillt«

Das 2013 neu eröffnete Restaurant lockt zum Mittagessen mit günstigen Preisen und großen Portionen. Bei meinem ersten Besuch konnte ich die große Portion Udon fast nicht ganz essen. Es gibt meist einfache, aber herzhafte Gerichte. Auch am Abend sind die Preise für Münchner Verhältnisse moderat und die für eine japanische Kneipe »Izakaya« typische Speisenauswahl sucht seinesgleichen hier in München. Spezialität des Japa Tapa ist der Robata-Grill, dabei werden frische Fisch- und Fleischstücke in der Küche langsam auf Holzkohle gegrillt. Sehr lecker und empfehlenswert sind hierbei die Stücke vom Maishuhn und Oktopus. Dazu Algensalat oder Bohnen mit Sesamsoße bestellen. Außerdem gibt es auch viele frittierte Gerichte, hier unbedingt die japanischen Kroketten »Korokke« essen.
Mittag 10–18 €, Abend »Tapas« zu 5, 7 und 9 €.
Tipp: Mittag-Set Nudelsuppe mit Reisgericht für 15 €.

Maximilianstraße 35c, 80539 München
Tram 19: Kammerspiele / U4–5: Lehel / U3–6: Odeonsplatz
Mo–Sa 12–14.30, Mo–Fr 18–22, So 17–22 Uhr
Tel.: 0152 22 73 13 31
www.japatapa.de http://gomap.de/jta

J-Bar ✪✪✪ Isarvorstadt

»Beam me to Japan, Scotty«

Die J-Bar ist eingerichtet wie eine japanische Izakaya und das Personal ist ausnahmslos aus Japan. Ohne vorherige Reservierung ist es schwer, am Abend einen Platz zu bekommen, und neben Deutschen ist diese Izakaya auch bei Japanern in München ein beliebter Anlaufpunkt. Daher braucht es dann nur noch ein paar Gläser gut gekühltes Kirin-Bier vom Fass, um sich für einen Abend nach Japan zu beamen. Neben den typischen kleinen Tagesgerichten, wie zum Beispiel gegrillte Schwarzwurzeln »Gobou Karaage«, gibt es ab zwei Personen auch mehrgängige Menüs, die keine Wünsche offen lassen. Mein persönlicher Favorit ist der Eintopf, welcher wie in Japan auf einem Gasgrill am Tisch serviert wird. Nach Verlassen der J-Bar rieb ich mir auf der Straße die Augen, ich war ja doch noch in München ...
Menüs ab zwei Personen 23 und 36€. Info: Nur Bargeld!
Tipp: J-Bar-Original-Eintopf mit Rindfleisch oder Lachs 20€.

Maistraße 28, 80337 München
U3, U6: Goetheplatz
Di–Fr 12–14, Mo–Sa 18.30–23 Uhr, So Ruhetag
Tel. & Fax: 089 51 46 99 83
www.j-bar.jimdo.com http://gomap.de/jbr

Nomiya **Haidhausen**

»Japanisch-bayrisches Trinklokal«

Das Nomiya ist eine bayrische Kneipe mit Sushi-Counter und einem Yakitori-Grill, an dem Japaner werkeln. Wer hier nicht Tage vorher einen der wenigen Tische reserviert, muss früh kommen, um noch einen Platz an der Schanktheke oder am Sushi-Counter zu ergattern. Neben »à la carte« und tagesaktuellen Gerichten von der Wandtafel kann man sich entweder für ein Sushi- oder ein Yakitori-Kushiyaki-Menü entscheiden. Da es beim Sushi lediglich Maki-Rollen mit Gurke, Rettich und geräuchertem Lachs gibt, ist das Menü mit den gegrillten Spießchen eindeutig die bessere Wahl. Als Vorspeise, die mit einer Misosuppe serviert wird, ist die geräucherte Entenbrust auf Salat die beste Wahl. Dazu trinkt man eines der erstklassigen Biere, u.a. gibt es das gute Unertl Weißbier. Info: Nur Bargeld! Menüs 17,50 €, Spieße 1,40–2,80 €, Maki-Sets 4,20–7,20 €. Tipp: Yakitori-Kushiyaki-Menü für 17,50 €.

Wörthstraße 7, 81667 München
Tram 15, 19, 25: Wörthstraße
Mo–So 18–1 Uhr
Tel.: 089 44 84 095
www.nomiya.de http://gomap.de/nmy

Ohayou **Schwabing**

»Authentischer und bodenständiger Japaner«

Hier gibt es eine große Auswahl an bodenständigen japanischen Gerichten. Am Mittag esse ich hier gerne auch den klassisch gebratenen Fisch mit Salz oder Teriyaki-Soße. Außerdem gibt es ein Sushi-Set mit Misosuppe, 5 Nigiri und 6 Gurken-Maki für 10,50€. Die Qualität und auch die Größe der Fischstücke bei diesem Preis sind auf jeden Fall in Ordnung. Die Inneneinrichtung ist einfach, aber man kommt ja wegen des guten Essens zu vergleichsweise günstigen Preisen hierher. Einige Male im Jahr wird auch ein Sushi-Kurs angeboten, bei dem man lernen kann, wie man selbst Sushi zubereitet. Neben bestuhlten Tischen gibt es einen Bereich, wo man traditionell auf dem Boden an niedrigen Tischen sitzt. Das reichhaltige Angebot an Sake und japanischem Schnaps ist für ein Trinkgelage ideal.
Mittag 6,50–14,50 €, Spieße 1,50 €, Nigiri 3–7 €.
Tipp: Sushi-Lunch-Set mit Misosuppe für 10,50 €.

Belgradstraße 71, 80804 München
Tram 12, 18: Karl-Theodor-Straße / U3: Bonner Platz
Di–Sa 11.30–14.30 & 17.30–23, So 17–22 Uhr
Tel.: 089 32 66 76 04   Fax: 089 30 76 54 33
www.ohayou.de   http://gomap.de/ohy

Kaffee, Tee & Kuchen

»Süßigkeiten auf japanische Art«

Die Kuchenkultur hat Japan ursprünglich aus dem Westen übernommen und weiter perfektioniert. Daher findet man heute wohl den besten Baumkuchen oder Mont Blanc nicht etwa in München oder Paris, sondern eher in Tokyo. Auf jeden Fall finden Sie im Folgenden alle Konditoreien, Cafés und Teeläden, welche uns an dieser Kultur teilhaben lassen.

Cafe Katzentempel **Maxvorstadt**

»Erstes Katzencafé Deutschlands«

Da Vermieter Haustiere in vielen Wohnungen verbieten, sind in Japan Katzencafés seit circa zehn Jahren populär. Das Cafe Katzentempel ist das erste in Deutschland und ermöglicht Kaffee, Kuchen und vegetarische Gerichte in der Gesellschaft von mehreren Katzen zu genießen und mit ihnen zu spielen. Die Betreiber vermitteln außerdem Themen wie Tierschutz und vegetarische Ernährung, ein Teil des Gewinns wird an Tierschutzorganisationen gespendet. Zum frischen Kaffee sind die leckeren selbstgemachten Kuchen und Torten sehr zu empfehlen. Für ein zünftiges bayrisches Frühstück gibt es pflanzliche Weißwürste mit Brezel und alkoholfreiem Bier. Salate und wechselnde Tagessuppen, -gerichte und Tempelsandwich machen am Mittag und Abend satt. Haferl mit dem schönen Logo des Cafés gibt's außerdem als Souvenir zu kaufen.
Tipp: Hausgemachte Sachertorte für 4,50 €.

Türkenstraße 29, 80799 München
Tram 27, 28: Pinakotheken / U3, U6: Universität
Di–Fr 11–20, Sa 10–20, So 10–18 Uhr
Tel.: 089 20 06 12 49
www.cafe-katzentempel.de *http://gomap.de/ckt*

Obori

Haidhausen

»Französische Backkunst von Japanern«

Die Liebhaber hochwertiger Backwaren geben sich ab 9 Uhr im Laden von Hinako und Michitoshi Obori aus Nagoya buchstäblich die Klinke in die Hand. Seit 2007 betreibt das Ehepaar die Bäckerei mit kleinem Café. Die beiden haben das Bäckerhandwerk in Deutschland erlernt und die Meisterprüfung in Berlin abgelegt. Hinako ist zudem Konditormeisterin und backt daher auch leckere Kuchen und Torten. Die Einrichtung ist passend zu Baguettes und Croissants im französischen Stil und der Kaffee kommt standesgemäß aus einer Elektra Espressomaschine. Als einziges Relikt erinnert eine Winkekatze »Maneki-neko« im Schaufenster an Japan. Wer sichergehen will, dass bestimmte gewünschte Backwaren nicht ausverkauft sind, sollte am Vortag kommen und mit Vorauszahlung bestellen.
Tipp Café: Apfeltarte oder Mont Blanc (gibt's nicht immer).
Tipp Bäckerei: Olivenbaguettes und Croissants.

Lothringer Straße 15, 81667 München
S, Tram 15, 25: Rosenheimer Platz / U, S: Ostbahnhof
Mo–Fr 9–18, Sa 9–12 Uhr, So geschlossen
Tel.: 089 44 14 26 66 Fax: 089 44 14 26 67
http://gomap.de/ori

Select Shop & Café Eight Isarvorstadt

»Lunchbox und guter Tee«

Im Select Shop & Café Eight gibt es viele Dinge aus Japan, wie zum Beispiel Teegeschirr, Stoffe, Bücher und Papeterie. Im Nebenraum bieten drei schöne alte Tische Platz zum Verweilen und Genießen von Getränken und Speisen. Täglich gibt es bis 15 Uhr (Samstag 14 Uhr) eine Lunchbox für 5,50 €. Die Lunchbox besteht meistens aus Salat, Hühnerspieß, Fleischbällchen, 2 Reisballen »Onigiri« und kleinen Beilagen. Außerdem kann man Matcha mit Süßigkeiten, Reiskuchen oder Mitarashiklößchen bestellen, der Genmai-Tee ist gut. Jeden dritten Freitag im Monat gibt es den »Mysterystammtisch«, Details siehe Website.

Tipp: Lunchbox (Mittagsmenü) für 5,50 €.

Bei gutem Wetter empfehle ich Ihnen danach einen kleinen Spaziergang im nahen Alten Münchner Südfriedhof, wo sich das schön gestaltete Grabmal des berühmten Japanforschers Philipp Franz von Siebold (1796–1866) befindet.

Waltherstraße 19, 80337 München

U3, U6: Goetheplatz

Di–Fr 11.30–18.30, Sa 11.30–15 Uhr

Tel.: 089 51 61 67 59 Fax: 089 51 61 67 61

www.selectshopeight.jimdo.com http://gomap.de/sth

Tanpopo ✪✪✪ Maxvorstadt

»Leckerste Tartes und Quiches«

Die Japanerin Kanako Okada ist Konditormeisterin und lebt bereits über 15 Jahre in München. Das Tanpopo ist Konditorei und Café mit sechs Tischchen ganz in der Nähe der U-Bahn-Station Maillingerstraße. Neben leckersten Tartes, Croissants und Keksen gibt es auch verschiedene Quiches zur Auswahl. Zusammen mit einem Salat oder der Tagessuppe können dort insbesondere Vegetarier gut zu Mittag essen. Unbedingt sollte man einen Kuchen zum Nachtisch probieren. Mein absoluter Favorit sind die mit Pudding gefüllten Himbeertörtchen – ganz ähnliche kaufte ich früher in der Feinkostabteilung des Tokyu-Kaufhauses in Shibuya. Die Qualität aller Backwaren ist hier absolute Spitzenklasse. Manchmal werden am Abend Backkurse veranstaltet oder es gibt ein Event mit Live-Musik. Gelegentlich ist der Laden am Montag leider geschlossen.
Tipp: Mittags Salat 2,50 €, Quiche 2,50 €, Tagessuppe 4 €.

Maillingerstraße 6, 80636 München
U1, U7: Maillingerstraße
Mo–Fr 8.30–18, Sa 9.30–16 Uhr, So Ruhetag
Tel.: 089 52 05 57 57
www.tanpopo-konditorei.de http://gomap.de/tpo

Tushita Teehaus Isarvorstadt

»Bester Matcha-Tee«

Im Tushita Teehaus, das sehr schön im japanischen Stil eingerichtet ist, sitzt man an kleinen Tischen auf einer langen Holzbank, während man sich mit verschiedenem Tee, hausgemachten Kuchen, Desserts oder dem veganen Tagesmenü bewirten lässt. Der schaumige Matcha-Tee zu 4,80 € wird in einer hübschen Schale serviert, dazu hätte eigentlich nur noch eine kleine japanische Süßigkeit »Okashi« gefehlt, um das Japanerlebnis perfekt zu machen. Gelegentlich werden auch Teezeremonien abgehalten, was über Flyer und Website angekündigt wird. Kaufen kann man eine reichhaltige Auswahl an Tees aus biologischem Anbau, die nicht nur aus Japan kommen, und es gibt sehr hübsche Teetassen und Teekannen aus Porzellan oder traditionelle Eisenkannen und weiteres Zubehör, um auch zu Hause den Tee perfekt zuzubereiten.
Tipp: Tagesmenü 8,50 € (klein) / 12 € (mittel).

Klenzestraße 53, 80469 München
T17, U1, U2, U7: Fraunhoferstraße / T16–18: Müllerstraße
Mo–Fr 9–20, Sa 10–20 Uhr, So geschlossen
Tel.: 089 18 97 55 94
www.tushita.eu http://gomap.de/tus

Shopping

»Einkaufen wie in Japan«

Außer den vielen Restaurants gibt es auch einige Geschäfte in München, in denen man die typischen japanischen Lebensmittel, Kochgeschirr, Teetassen, Deko-Artikel, Einrichtungsgegenstände, Designartikel, Kleidung, Bücher, Büromaterialien, Fanartikel, Origami- und Geschenkpapier kaufen kann.

Japanische Feinkostgeschäfte

Jap. Feinkost Y. Suzuki — Isarvorstadt

Feinkost und nette Sachen aus Japan, wie moderne Bonsai »Kokedama« gibt es bei Frau Suzuki, die auch japanische Kochkurse für Gruppen bis acht Personen veranstaltet.

Rumfordstraße 40, 80469 München
Tram 16, 18, S: Isartor
Mo–Fr 10–19, Sa 10–16 Uhr
Tel.: 089 21 66 95 55 Fax: 089 21 66 95 54
www.feinkost-ysuzuki.com http://gomap.de/jfs

Mikado Japanische Feinkost — Altstadt

Etwas versteckt im hinteren Teil der Passage bietet das Mikado das größte Angebot an abgepackten und auch tiefgekühlten japanischen Lebensmitteln in München.

Sendlinger Straße 46 (Passage), 80331 München
U, Tram: Sendlinger Tor
Mo–Fr 10–19, Sa 9.30–19 Uhr
Tel.: 089 26 02 46 24 http://gomap.de/mjf

Teeläden

Tea House **Altstadt**

Gegenüber der Kasse gibt es eine riesige Auswahl von über 70 verschiedenen Tees aus Japan, außerdem Teekannen und -schalen. Der Besitzer reist nach Japan zu Lieferanten.

Sendlinger Straße 62, 80331 München
U, Tram: Sendlinger Tor
Mo–Fr 10–19, Sa 10–18 Uhr
Tel.: 089 26 84 72 Fax: 089 260 63 76
www.teahouse.de http://gomap.de/tea

Teeschale am Viktualienmarkt **Altstadt**

Hier gibt es eine gute Auswahl ökologischer Grüntees aus Kagoshima sowie schöne Eisenkannen und Porzellantassen.

Westenriederstraße 6, 80331 München
T 16, 18: Reichenbachplatz / U, S: Marienplatz / S: Isartor
Mo–Fr 10–18.30, Sa 10–18 Uhr
Tel.: 089 22 03 01 Fax: 089 71 57 98
www.teegefluester.de http://gomap.de/tes

Kleidung & Geschenkartikel

Kirschblüte — Maxvorstadt

Der »Zakkaya Store« bietet japanische Stoffe, Kinderbekleidung, Stofftiere, Buchbindekunst vom Künstler Kitaken und viele schöne kleine Dinge sowie eine Cafébar.

Arcisstraße 39, 80799 München
Tram 27, 28: Schellingstraße / U2: Theresienstraße
Di & Mi 11–18, Do & Fr 12–19, Sa 11–15 Uhr
Tel.: 089 51 87 18 63
www.kirschbluete-muenchen.com   http://gomap.de/khb

Japan Boutique WAFU — Schwanthalerhöhe

Hochwertige japanische Lacksticker »Hotsuma Takamakie« fürs Handy gibt es im Laden und ebenso im Online-Shop.

Anglerstraße 1, 80339 München
U4–5, S7: Heimeranplatz
Mo–Fr 12–16, Sa 11–16 Uhr
Tel.: 089 33 03 91 48   Fax: 089 33 05 68 43
www.japanboutique-wafu.de   http://gomap.de/jbw

Papierläden

Papierladen CARTA PURA — Maxvorstadt

Laden mit größter Auswahl an Japanpapier in München: Washi, Kozu-, Kikka-Saiko-, Origami-Papiere, Chiyogami, Katazome, Lackpapier Urushi, Satogami und Tsumugi.

Schellingstraße 71, 80799 München
Tram 27, 28: Schellingstraße / U2: Theresienstraße
Mo–Fr 9.30–19, Sa 9.30–16 Uhr
Tel.: 089 28 81 030
www.cartapura.de *http://gomap.de/pcu*

Buntpapier — Isarvorstadt

Eine Auswahl an kostbarem japanischem Buntpapier »Katazome« gibt es hier zu kaufen. Nur zur Weihnachtszeit wird der Platz im Laden für Geschenkpapier benötigt.

Rumfordstraße 5, 80469 München
Tram 16, 18: Reichenbachplatz
Mo–Fr 10–19, Sa 10–18 Uhr
Tel.: 089 26 04 272 *http://gomap.de/bpa*

Buchhandlung & Buchbinderei

Buchhandlung am Gasteig — Haidhausen

Ein exzellenter Buchhändler mit Schwerpunkt Japan – Gärten, Haiku, Zen, Romane und Kulturgeschichte. Besorgt seltene Ausstellungskataloge, die es sonst nirgends gibt.

Rosenheimer Straße 12, 81669 München
S, Tram 15, 25: Rosenheimer Platz
Mo–Fr 10–20, Sa 10–18 Uhr
Tel.: 089 45 87 99 09
www.buchperthel.de *http://gomap.de/bag*

Buch & Box — Sendling

Japanisches Papier (Chiyogami und Katazome), schöne eingebundene Notizbücher, Fotoalben und Schachteln.

Aberlestraße 14, 81371 München
U3, U6: Implerstraße
Di–Fr 14.30–18.30, Sa 10–14.30 Uhr
Tel.: 089 72 99 70 54 *Fax: 089 74 64 09 13*
www.buchundbox.de *http://gomap.de/box*

Designprodukte

Japanalia Schwabing

Unter dem Motto »Japan Living Design« ein wahres Kleinod mit japanischen Antiquitäten, Möbeln, Keramik, Lampen, Teekannen, Kimonos, Papier, Kalligraphie, Büchern.

Herzogstraße 7, 80803 München
U3, U6, Tram 23: Münchner Freiheit
Mo–Fr 10–18.30, Sa 10–16 Uhr
Tel.: 089 34 94 54 Fax: 089 39 56 85
www.japanalia.de http://gomap.de/jai

SHU SHU Altstadt

Designprodukte aus Japan, Porzellan, Lampen und Möbel findet man hier direkt gegenüber dem Mandarin Oriental

Neuturmstraße 2, 80331 München
Tram 19: Kammerspiele / Tram 16, 18, S: Isartor
Mo–Sa 11–19 Uhr
Tel.: 089 25 54 90 61
www.shushu-munich.com http://gomap.de/shu

Einrichtung

Vision Porter **Haidhausen**

Sehr hübsche Designer-Wanduhren aus Japan von Takata Lemnos aus Toyama gibt es in dem kleinen Laden, außerdem Designobjekte wie zum Beispiel Eislöffel aus Edelstahl.

Lothringer Straße 2, 81667 München
S, Tram 15,25: Rosenheimer Platz
Di–Fr 11–13, Di 14–18, Mi 14–17, Do&Fr 14–18.30, Sa 10–14
Tel.: 089 62 42 33 57 Fax: 089 62 42 33 75
www.visionporter.com http://gomap.de/vpt

Japan Shop **Altstadt**

Reichhaltige Auswahl an Kochgeschirr, Teegeschirr und Deko-Artikeln sowie Lebensmittel für die japanische Küche.

Westenriederstraße 47, 80331 München
Tram 16, 18, S: Isartor
Mo–Sa 10–19 Uhr
Tel.: 089 22 66 63
www.japan-shop-muenchen.de http://gomap.de/jsp

Mangas, DVDs, Videospiele

Neo Tokyo — Schwabing

Eine große Auswahl japanischer Mangas, Anime-Film-DVDs, Musik-CDs, aber auch Klamotten aus Japan, Sachen für Cosplay-Fans und japanische Limonade und Schoko-Snacks.

Haimhauserstraße 3, 80802 München
U3, U6, Tram 23: Münchner Freiheit
Mo–Sa 11–18.30 Uhr
Tel.: 089 34 69 86 *Fax: 089 38 88 90 64*
www.neotokyo.de *http://gomap.de/nty*

Nippondreams — Haidhausen

Bei C. Corre gibt es neue und gebrauchte Videospiele aus Japan, DVDs und auch etwas Merchandise (Figuren, Poster).

Rosenheimer Straße 125, 81667 München
U, S, Tram: Ostbahnhof
Mo–Fr 11–19, Sa 12–16 Uhr
Tel.: 089 95 89 35 52
www.nippondreams.com *http://gomap.de/nds*

Sonstiges

MUJI — Altstadt

Japanische Kaufhauskette, die Schreibwaren, Kleidung, Möbel, Haushaltswaren u. Körperpflegeprodukte verkauft, die Qualität, gutes Design und bezahlbare Preise vereinen.

Kardinal-Faulhaber-Straße 11, 80333 München
Tram 19: Theatinerstraße / U3–6: Odeonsplatz
Mo–Sa 10–20 Uhr
Tel.: 089 20 80 39 710 *Fax: 089 20 80 39 713*
www.muji.de *http://gomap.de/mui*

Dictum Shop München — Haidhausen

Japanische Messer, Scheren, Werkzeuge für Handwerk und Garten, die man dort ausprobieren kann; mit Kurswerkstatt.

Haager Straße 9 (im 2. Stock), 81671 München
U, S, Tram: Ostbahnhof (Ausgang Friedenstraße)
Mo–Fr 10–19, Sa 10–14 Uhr
Tel.: 089 63 89 08 91
www.mehr-als-werkzeug.de *http://gomap.de/dsm*

Events, Vereine & Kunst

»Feste feiern wie sie fallen«

Neben dem jährlichen Japanfest im Englischen Garten gibt es über das Jahr verteilt verschiedene Veranstaltungen und auch monatliche Treffen mit Japanbezug. Institutionen, Vereine, Schulen und Galerien sind hier auch aufgeführt. Aktuelle Infos finden Sie auf den jeweiligen Websites.

Veranstaltungen

Japanfest im Englischen Garten
Dritter Sonntag im Juli 12–18 Uhr 2014: 20. Juli
www.djg-muenchen.de

Japanisches Teehaus im Englischen Garten
Nur bestimmte Wochenenden April–Oktober
www.urasenke-muenchen.de

Deutsch-Japanischer Stammtisch
Letzter Freitag im Monat, 19 Uhr, Gaststätte Rhaetenhaus
www.japan-stammtisch.de

Animexx-Treffen München
Meist erster Samstag im Monat, Jugendzentrum Aquarium
www.animexx.onlinewelten.com/events/reihen/15

Japandult
Zwei Termine pro Jahr, Glockenbachwerkstatt
www.japandult.de 1. Termin 2014: 6. Juli
www.facebook.com/japandult

Die Bairische Geisha
Termine und Vorstellungsorte siehe Website
www.diebairishegeisha.de

Institutionen, Vereine und Schulen

Japanisches Generalkonsulat München
www.muenchen.de.emb-japan.go.jp/de

Deutsch-Japanische Gesellschaft in Bayern e.V.
www.djg-muenchen.de

JAIG (Japanisch-Deutscher Funkamateurclub)
www.jaig.de

Japanische Internationale Schule München
www.jism.de

Japanische Sprachschule Hanabi
www.uni-gift.jp

Zen-Training durch Dokko-an Kokugyo Kuwahara
www.galerie-sakura.de

Weitere Schulen, insbesondere für **Kampfkünste** wie **Aikido, Iaido, Karate, Kendo, Kyudo, Ninjutsu, Taido** usw., siehe auch im Programm des Japanfestes (aktuelles oder vom Vorjahr):
http://gomap.de/jpf

Galerie Japankunst

Das Kunstantiquariat Monika Schmidt bietet eine reichhaltige Auswahl an japanischen Farbholzschnitten, Blockbüchern, Puppen, Stellschirmen, Möbeln und Fächern.

Schellingstraße 33, 80799 München
Tram 27, 28: Schellingstraße / U3, U6: Universität
Di–Fr 11–18.30, Sa 11–16 Uhr, So geschlossen
Tel.: 089 22 23 15
www.japankunst.de http://gomap.de/gak

Micheko Galerie

Im Fokus der Galerie stehen zeitgenössische japanische Künstler, alle zwei bis drei Monate gibt es eine Vernissage.

Theresienstraße 18, 80333 München
Tram 27, 28: Pinakotheken / U3, U6: Universität
Di–Fr 15–20, Sa 11–16 Uhr, So geschlossen
Tel.: 0172 97 78 929
www.micheko.com http://gomap.de/meg

Nach Stadtbezirken

Falls Sie nur interessiert, was sich in Ihrer Nähe befindet, oder in einem Stadtbezirk unterwegs sind, hilft Ihnen die folgende Übersicht aller Restaurants und Geschäfte.

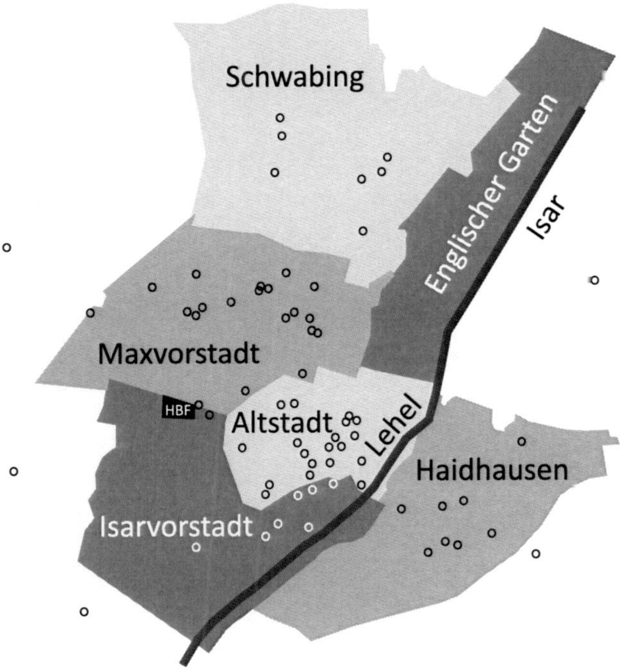

Online-Karte: http://gomap.de/jpm

Altstadt-Lehel

Au-Haidhausen

(Ludwigsvorstadt-)Isarvorstadt

Maxvorstadt

Seite

Schwabing-West / -Freimann

Weitere Stadtbezirke

Umgebung München

Einige Einkaufsmöglichkeiten, Künstler, Handwerker und Schulen in der Münchner Umgebung sind hier aufgeführt:

Bambus Zentrum München
Rote-Kreuz-Straße 12, 85737 Ismaning
www.bambus-muenchen.de

Keramik in japanischer Tradition
Bäckergasse 11a, 82335 Berg
www.gudrun-paysen.de

Werkstatt Stephan Bauer
Rumersham 9, 83119 Obing
www.shoji-bau.de

ZenHaus
Ueberreiterstraße 25, 85609 Dornach
www.zen-haus.com

Zen-Zentrum Eisenbuch
Eisenbuch 7, 84567 Erlbach
www.eisenbuch.de

Empfehlungen

Essen mit Stäbchen

Erstes Stäbchen fest zwischen Daumenwurzel und Ringfinger (alternativ auch Mittelfinger) klemmen:

Zweites Stäbchen wie einen Bleistift nur mit den Spitzen von Daumen und Zeigefinger beweglich halten:

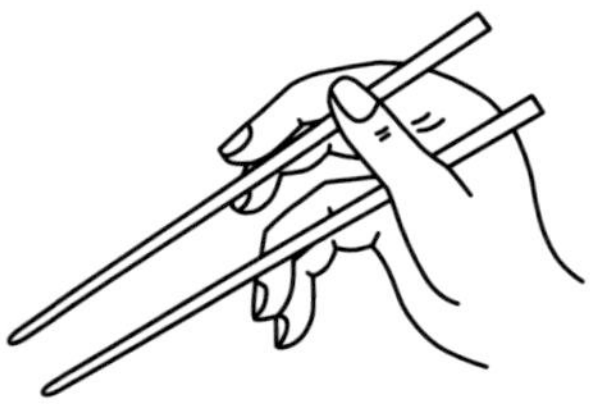

Mit den Fingern das obere Stäbchen steuern und das Essen an der Spitze beider Stäbchen aufnehmen (V-Stellung):

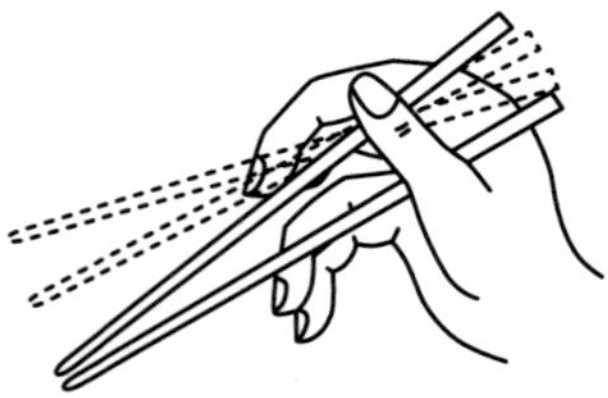

Feedback & Anfahrt

★★★★★ Waren Sie mit diesem Buch zufrieden?
Erzählen Sie Freunden und Bekannten sowie anderen Liebhabern japanischer Küche und Kultur von diesem Buch oder verschenken Sie ein Buch bei nächster Gelegenheit. Berichten Sie mit einer Bewertung beim Onlinekauf von der guten Erfahrung. Bei Kritik und Korrekturen freue ich mich auch über eine Nachricht an **mail@japan-in-muenchen.de**

Die im Buch enthaltenen Angaben wurden sorgfältig recherchiert, die Bewertungen geben jedoch lediglich meine subjektive Meinung wieder und basieren auf meiner jahrelangen Erfahrung. In jedem Restaurant können sich durch Veränderungen bei Personal sowohl Verbesserungen als auch Verschlechterungen ergeben. Ich übernehme keine Gewähr für die Aktualität und Korrektheit der hier abgedruckten Preisinformationen. Die Nigiri-Preisangaben im Buch gelten für zwei Stück. Eine Haftung für inhaltliche und sachliche Fehler ist ausgeschlossen.

P+R

Die meisten Restaurants und Läden liegen in der Innenstadt mit begrenzten Parkmöglichkeiten, nutzen Sie möglichst öffentliche Verkehrsmittel und die Park&Ride-Angebote
http://gomap.de/mvv **http://gomap.de/pur**

Autor & Updates

Ich habe fünf Jahre in Tokio gelebt und dabei die japanische Küche und Kultur zu schätzen gelernt. Seit 2005 bin ich wieder in München zurück und hier immer auf der Suche nach gutem und authentischem japanischen Essen.
Bisher habe ich zwei Reiseführer zu Tokio herausgebracht: **»Labyrinth Tokio«**, der 2013 bereits in der 3. Auflage erschienen ist, und **»Durch Tokio mit Logan«**. So lag es nahe, als Nächstes auch einen Japanführer speziell für München zu veröffentlichen. Dieses Buch entstand über einen Zeitraum von 18 Monaten, da ich alle Restaurants und Geschäfte selbst aufgesucht und getestet habe.
Ich hoffe, Sie haben genauso viel Freude, mit diesem Buch die japanischen Restaurants und Läden in München zu besuchen, wie ich Freude hatte, das Buch zu schreiben. Weiterhin werde ich Sie über meinen Blog und über Twitter mit Updates und neuen Infos auf dem Laufenden halten.

www.japan-in-muenchen.de

@ fugu_24

www.twitter.com/fugu_24